SURMONTER

Effets éducatifs, sociaux et psychologiques postpandémiques dans l'enseignement supérieur

Organisé par

Sandro **S**ouza

Auteur:

MARLENE RIBEIRO MARTINS

Master en psychologie

Préface de Sandro Souza
Spécialiste en méthodologie de l'enseignement supérieur
Spécialiste en gestion des personnes et coaching
Spécialiste du bilinguisme
Formateur d'enseignants

/sstreinamentosoficial | sstreinamentos_oficial | sstreinamentos.com

Ce livre est dédié à:

Tous ceux qui comprennent que la vie est une grande étape du processus d'enseignement et d'apprentissage, dont les protagonistes sont les apprenants et les médiateurs sont les enseignants. Le contenu devient l'élément de médiation. La stratégie devient l'approche appropriée du contenu. Par conséquent, à tous ceux qui réalisent la beauté d'apprendre et d'enseigner ce livre guide, guide et guide de manière pratique un processus si complexe dans sa théorie et si riche dans sa pratique. Tous ceux qui croient qu'éduquer, c'est innover, au quotidien, pour offrir une éducation contextualisée et significative.

"C'est en faisant que vous apprenez à faire ce que vous devez apprendre à faire." - Aristote

RÉSUMÉ

PRÉFACE

«La joie que nous éprouvons à penser et à apprendre nous fait réfléchir et apprendre encore plus.» - Aristote

L'enseignement est un art, un métier. Et, en tant que tel, il faut qu'un artiste mène le processus: c'est l'éducateur. L'éducateur, dans sa sensibilité, trouve le bon moment pour appliquer un contenu significatif, contextualisé et conceptuel afin que le processus d'enseignement et d'apprentissage devienne la base solide du développement personnel humain.

L'apprentissage est un art, un métier. Alors, qu'est-ce qui différencie l'apprentissage de l'enseignement? Facile. Pensez à une balançoire où, en un instant, l'une est en haut et l'autre en bas. Pour que la bascule gagne en fonctionnalité et procure de la joie, ce mouvement continu devient essentiel. Cependant, les mouvements brusques peuvent provoquer la peur. Alors que les mouvements lents peuvent provoquer l'ennui. Donc, pour procurer de la joie, il est essentiel de s'aligner sur le rythme et la vitesse de chacun. De la même manière, c'est l'apprentissage et l'enseignement.

Innover est un art, un métier. Qu'est-ce que l'innovation? Innover, c'est utiliser l'itération d'Aristote pour rechercher l'excellence. Et ici, il est essentiel de comprendre que l'excellence n'est pas une question de perfection. L'excellence est le résultat de l'itération. Alors que la perfection est la recherche continue en vous-même de la meilleure utilisation de vos aptitudes et compétences. Aristote est très clair en montrant *l'équilibre parfait entre l'apprentissage et l'enseignement, qui n'est rien de plus que l'utilisation de la pratique, faire.*

La recherche est un art, un métier. Le chercheur est l'être infatigable dans son voyage de découverte. Et, dans ce voyage, c'est le processus d'alimentation et de rétroaction. Il n'y a pas d'apprentissage sans recherche. Il n'y a pas d'enseignement sans chercheur. Cet équilibre est essentiel pour démarrer le mouvement de la bascule.

L'acceptation est un moment, un processus, un chemin vers une découverte continue. Accepter, c'est d'abord écouter, écouter, ressentir, croire et recevoir. Accepter, c'est en plus beaucoup d'autres choses. Il ne s'agit simplement pas de démissionner. Accepter, c'est avoir l'humilité de reconnaître que «je sais seulement que je ne sais rien». C'est s'ouvrir au nouveau. C'est s'ouvrir aux solutions. Cela signifie s'ouvrir à la médiation des conflits. C'est une ouverture à l'apprentissage.

L'acceptation est le mouvement. Accepter, ce n'est pas stagner. Au contraire, accepter, c'est se préparer à un mouvement de plus en plus affirmé. Un mouvement de connexion. Un mouvement de reconnexion. Un mouvement auquel faire partie. Ce sentiment d'appartenance stimule grandement la volonté humaine de s'engager, de s'engager, d'assumer des responsabilités et de nouvelles façons de résoudre d'anciens problèmes qui, de temps en temps, deviennent de plus en plus visibles.

Prendre des risques, c'est chercher une nouvelle façon de faire les mêmes choses ou une ancienne façon de faire de nouvelles choses. Et c'est dans ce paradoxe qu'intervient l'éducation. Son merveilleux voyage est aligné sur la convergence et grandit avec la divergence. Et dans ce va-et-vient, un mouvement de co-création se développe.

Ce livre SURMONTER: Réflexes éducatifs, sociaux et psychologiques post-pandémiques dans l'enseignement supérieur est un itinéraire de voyage éducatif guidé par le Master en psychologie Marlene Ribeiro Martins qui, dans un langage simple, direct et pratique, présente la magie de l'éducation dans son essence.

Bienvenue à tous dans ce merveilleux voyage! Attachez vos ceintures de sécurité, car nous allons décoller! Succès à tous!

Sandro Souza

Image par Gerd Altmann de Pixabay

1. INTRODUCTION

«L'enseignement nécessite le risque, l'acceptation de la nouveauté et le rejet de toute forme de discrimination.» - Paulo Freire (2008, p. 35)

Cet article examine les effets de l'isolement social sur la scolarisation des étudiants et des enseignants universitaires en raison d'une pandémie mondiale, qui a commencé en Chine à la fin de 2019 et qui a touché les écoles brésiliennes à la mi-2020. Les présidents de tous les pays avaient déjà pris des mesures quant à la fermeture d'écoles pour le bien-être des enfants et des jeunes, et comme mesure d'endiguement, tous les États brésiliens l'ont également fait. Les quelques enquêtes et études qui ont été menées à ce jour sur ce sujet montrent que cet isolement des élèves du milieu scolaire a eu un effet positif sur l'évolution de l'épidémie, principalement en réduisant le pic de la maladie, mais il peut aussi avoir des impacts sur leur scolarité. étudiants à moyen et long terme, en particulier ceux qui n'étaient pas préparés socialement,

La pandémie nous a mis à l'avant-garde de situations éducatives complexes et compliquées, ce qui nous a conduit à inverser certains comportements, comme par exemple considérer le téléphone portable, qui était un ennemi en classe, un outil fondamental pour le nouveau format d'enseignement et d'apprentissage. Duran (2020) a publié dans la revue de l'Université de São Paulo une réflexion sur certains aspects pédagogiques de cette complexité éducative.L'auteur rapporte qu'il ne s'agit pas de défendre ou d'accuser, mais il est nécessaire de reconnaître que l'exclusion numérique compromet le développement cognitif, que nous avons trouvé à cette période, ce qui rend visible que l'éducation en ligne est loin d'être les étudiants les plus nécessiteux et «l'alphabétisation numérique continue donc être un défi politique, social et pédagogique »(2020, p. 1). Plusieurs aspects sont importants dans ce processus d'éducation en ligne en ces temps d'enseignement à distance, tels que:interactivité, responsabilité, ubiquité (omniprésence), simplicité.

En ce sens, il est essentiel de repenser l'éducation actuelle et sa préparation au XXIe siècle et à l'ère technologique, lorsque nous sommes préparés et éduquons nos élèves à ces nouveaux besoins qui, avec cette pandémie, sont pratiquement devenus une survie. Il n'est plus possible de séparer l'éducation des autres aspects de notre vie, c'est-à-dire que cela n'a jamais été, cependant, ce besoin s'est intensifié.

Dans le domaine de l'éducation, de nombreux exemples subiront des changements, y compris l'enseignement supérieur, et même s'il apparaît au début qu'une instance éducative n'interfère pas avec l'autre, ils sont interdépendants, c'est-à-dire que les effets positifs ou négatifs sur l'éducation de base se refléteront sur l'enseignement supérieur. Depuis le début de la pandémie, plus de 1,6 milliard de jeunes étudiants et d'enfants sont sans classe dans le monde (UNESCO, 2020), ce qui peut causer des dommages irréversibles aux problèmes éducatifs, sociaux, politiques, économiques et autres. La continuité de la pandémie et en raison de l'isolement social et scolaire a eu un impact dramatique sur les étudiants universitaires et a révélé une dure réalité, que de nombreux élèves de l'enseignement de base s'étaient trop limités aux outils numériques nécessaires au bon suivi des classes et qu'il n'y avait pas d'actions efficaces pour faciliter cet accès. Le ministère de l'Éducation s'est limité à autoriser l'apprentissage à distance, grâce aux technologies numériques (BRASIL, 2020), ce qui serait impossible pour un bon nombre d'étudiants qui n'ont pas internet ou qui ont un mauvais internet, dans l'enseignement supérieur cette réalité est un peu différemment, la principale préoccupation concernait le processus d'enseignement-apprentissage, la relation enseignant-élève, les conflits, les problèmes problématiques dans le processus, la résolution de problèmes et d'autres problèmes de cette nature. L'un des plus difficiles, sans aucun doute, a été le processus d'enseignement-apprentissage. Le ministère de l'Éducation s'est limité à autoriser l'apprentissage à distance, grâce aux technologies numériques (BRASIL, 2020), ce qui serait impossible pour un bon nombre d'étudiants qui n'ont pas internet ou qui ont un mauvais internet, dans l'enseignement supérieur cette réalité est un peu différemment, la principale préoccupation concernait le processus d'enseignement-apprentissage, la relation enseignant-élève, les conflits, les problèmes problématiques dans le processus, la résolution de problèmes et d'autres problèmes de cette nature. L'un des plus difficiles, sans aucun doute, a été le processus d'enseignement-apprentissage. Le ministère de l'Éducation s'est limité à autoriser l'enseignement à distance, grâce aux technologies numériques (BRASIL, 2020), ce qui serait impossible pour un bon nombre d'étudiants qui n'ont pas internet ou qui ont un mauvais internet, dans l'enseignement supérieur cette réalité est un peu différemment, la principale préoccupation concernait le processus d'enseignement-apprentissage, la relation enseignant-élève, les conflits, les problèmes problématiques dans le processus, la résolution de problèmes et d'autres problèmes de cette nature. L'un des plus difficiles, sans aucun doute, a été le processus d'enseignement-apprentissage. avec la relation enseignant-élève, avec des conflits, avec des problèmes problématiques dans le processus, avec la résolution de problèmes et d'autres problèmes de cette nature. L'un des plus difficiles, sans aucun doute, a été le processus d'enseignement-apprentissage. avec la relation enseignant-élève, avec des conflits, avec des problèmes problématiques dans le processus, avec la résolution de problèmes et d'autres problèmes de cette nature. L'un des plus difficiles, sans aucun doute, a été le processus d'enseignement-apprentissage.

L'objectif général de cette étude était d'analyser la relation enseignant-élève, en termes de méthodologies, difficultés, facilités, gains et pertes. Et les objectifs spécifiques étaient d'identifier les éléments qui entravent et facilitent les stratégies d'action.

Nous avons tous réalisé dès le début de la pandémie que

nous allions vivre des moments de grandes tensions et conflits, en raison des changements soudains imposés et du manque de préparation à une nouvelle forme de travail pédagogique. Notre préoccupation s'est concentrée sur la façon dont nous pourrions profiter de cette expérience d'enseignement et d'apprentissage différemment pour nous développer davantage? Et plusieurs autres questions étaient fondamentales pour que nous nous efforcions de nous améliorer de plus en plus, comme quelles autres stratégies avions-nous à notre disposition? Comment les étudiants pourraient-ils collaborer davantage? Qu'est-ce que les étudiants ont appris de cette nouvelle façon d'étudier? Des problèmes personnels, émotionnels et sociaux sont-ils survenus pendant la marche?

Et pour répondre à ces questions, nous avons utilisé ce que notre proposition pédagogique en classe utilisait déjà, le dialogue, ce que rapportent Freire, Shor: «la communication démocratique, qui invalide la domination et réduit l'obscurité, en affirmant la liberté des participants à refaites votre culture »(2008, p. 123). Ainsi, la relation dialogique entre sujet-monde-connaissance permet un apprentissage critique et aimant, fournissant l'humanisation du processus et par conséquent des participants, puisque tous les étudiants n'étaient pas technologiquement et émotionnellement préparés pour l'apprentissage à distance. Plusieurs auteurs rapportent l'importance d'une éducation humanisante, car l'éducation humanisée se forme en fonction des connaissances et des actions des élèves, réalisant des avancées et un meilleur développement cognitif, physique, social et affectif (FREITAS,

Un processus éducatif humanisé et humanisant prioritaire nous conduit à la nécessité de revoir les méthodes chaque fois que cela est nécessaire, les démarches pédagogiques, qui restreignent parfois nos actions pédagogiques à la question cognitive, mais il ne faut pas oublier que nos élèves sont des êtres humains et à ce titre ne le sont pas. intellectuelles, mais aussi émotionnelles et sociales, et ces questions ont des implications sur le processus d'enseignement-apprentissage. Comme ça:

> Contrairement à ce que propose la tradition intellectualiste de l'enseignement, une pédagogie inspirée de la psychogénétique wallonne ne considère pas le développement intellectuel comme le but ultime et exclusif de l'éducation. Au contraire, elle la considère comme un moyen d'atteindre l'objectif plus large du développement de la personne, après tout, l'intelligence a un statut en tant que partie du tout constitué de la personne. (GALVÃO, 2008, p. 89)

Par conséquent, il est important, chaque fois que cela est nécessaire, d'être flexible pour répondre aux besoins des étudiants au fur et à mesure qu'ils se présentent, pour réaliser une évolution de leur apprentissage.

Pour maintenir le même niveau de qualité que nous avions en classe, nous savions qu'il ne suffisait pas d'enseigner, mais il fallait que l'enseignement soit significatif. Plusieurs chercheurs discutent à quel point il est fondamental que l'apprentissage soit significatif. Ausubel présente cet apprentissage comme un processus dans lequel de nouvelles informations établissent une relation avec un aspect important de la structure des connaissances de la personne apprenant, établissant une interaction (AUSUBEL, NOVAK, HANESIAN, 1980).

Pour que cet apprentissage devienne significatif, la participation des élèves au processus est essentielle et dans cette période actuelle de pandémie, où la relation enseignant-élève devait devenir la plus proche possible et très collaborative, c'était aussi l'occasion d'expérimenter les théories discutées dans salle de classe et cela n'avait pas été fourni efficacement. L'enseignement supérieur est un grand laboratoire scientifique pour les discussions théoriques, mais aussi pour de nombreuses pratiques et l'une des expériences les plus propices a été l'opportunité d'utiliser des méthodologies actives et la classe inversée, qui est l'un des formats d'enseignement hybride les plus réussis en présent. Eh bien selon notre besoin et selon Matos (2018), ce partenariat méthodologique, permet à l'enseignant d'offrir le contenu presque entièrement en ligne et en donnant à l'étudiant la possibilité de respecter son rythme et dans les rencontres avec l'enseignant, l'utilisation de ce contenu se fera, alors que l'étudiant aura déjà fait une recherche préalable, une lecture, une étude, un activité, quelque chose qui lui a permis d'avoir un premier contact avec le contenu. L'utilisation de ce matériel se fait par le biais de méthodologies d'apprentissage actif, les élèves apportent à la classe la compréhension, les doutes, les problèmes, les solutions aux problèmes, il porte donc ce nom de classe inversée, la classe se déroule à la maison et les tâches et les problèmes sont résolus en classe, en groupe, avec l'enseignant qui sert d'intermédiaire, facilitant le processus.

Mais qu'est-ce qu'une classe inversée exactement?

> Fondamentalement, le concept d'une salle de classe inversée est le suivant: ce qui est traditionnellement fait en classe, fonctionne maintenant à la maison, et ce qui est traditionnellement fait comme devoirs, est maintenant fait en classe. (BERGMANN; SAMS, 2016, p. 11)

Une autre question importante liée aux stratégies qui ont émergé était de savoir comment maintenir la motivation de ces étudiants qui étaient habitués à un modèle en face à face, avaient opté pour le face à face et étaient obligés de faire des études supérieures à distance. Premièrement, il fallait savoir ce que cela signifiait, c'est-à-dire ce qu'était cet enseignement, ce que disent Hodges et al. (2020, p. 3), «L'ENSEIGNEMENT À DISTANCE EMERGENTIEL (ERE) - Il se caractérise par l'adaptation de cours en présentiel, utilisant les technologies de l'information et de la communication (TIC) pour établir une communication synchrone avec les étudiants». À partir de là, l'option qui a émergé était de faire des changements pour rechercher plus de dynamisme, c'est pourquoi l'utilisation de méthodologies actives. Associé à la classe inversée, il est possible avec le contenu antérieur de proposer comme tâches pratiques la solution de problèmes à partir des théories étudiées. L'une des méthodologies appliquées était la méthodologie active PBL (Problem Based Learning), l'une des méthodologies actives les plus utilisées en classe, initie le processus d'enseignement-apprentissage en proposant une demande de solution d'un problème incomplet et lors de la construction des connaissances les étudiants évoluent compétences en résolution de problèmes, ainsi que devenir plus compétent et autonome (GUERRA, 2014). Ainsi, l'enseignant quitte le modèle de classe traditionaliste et rend ses classes plus dynamiques, participatives et de groupe. Le travail de groupe a été placé comme une priorité dans le système éducatif au cours des dernières décennies,

> Seul, on peut apprendre à avancer beaucoup; le partage, nous pouvons aller plus loin et, si nous avons la tutelle de personnes plus expérimentées, nous pouvons atteindre des horizons inimaginables. [...] Etre en réseau, partager, est une belle opportunité d'apprentissage actif, que certains sont capables d'explorer avec compétence, tandis que d'autres gaspillent avec futilité. [...] Ce que l'éducation formelle doit aujourd'hui prendre en compte, c'est que l'apprentissage individuel, en groupe et par tutorat progresse dans la vie quotidienne en dehors des écoles, grâce aux nombreuses offres informelles du réseau. (p. 8).

Quant à la question méthodologique, notre recherche bibliographique s'est appuyée sur les différents concepts et textes travaillés tout au long du semestre avec les étudiants des composantes. Gil (2010) définit la recherche bibliographique comme celle utiliséed'informations qui ont été collectées et traitées par des chercheurs de manière analytique et se composent d'articles scientifiques, de livres et autres. Quant aux objectifs de recherche, nous utiliserons le descriptif, car selon Gil (2010) il permet de décrire les caractéristiques de certaines populations ou phénomènes, comme ce fut le cas de la pandémie.

Et aussi pour répondre aux objectifs de cette recherche, il a été décidé d'utiliser une méthode mixte, car il est possible de combiner des approches qualitatives et quantitatives et permet une meilleure compréhension de la problématique de la recherche. Les informations ont été collectées qualitativement et quantitativement séparées puis comparées pour vérifier les convergences et divergences et ainsi réaliser une analyse intégrative (CRESWELL, 2014). L'option mixte a été choisie parce que:

> La recherche quantitative est issue de la tradition des sciences naturelles, où les variables observées sont peu nombreuses, objectives et mesurées sur des échelles numériques. Philosophiquement, la recherche quantitative est basée sur une vision dite positiviste, où: les variables à observer sont considérées comme objectives, c'est-à-dire que différents observateurs obtiendront les mêmes résultats dans différentes observations (WAINER, 2019, p. 6)

Et qualitativement, car selon Gatti et André (2011, p. 34) la recherche qualitative «permet de comprendre et d'interpréter la plupart des enjeux et problèmes dans le domaine de l'éducation», il est nécessaire de recourir à des approches multi / inter / transdisciplinaires et aussi parce que selon Bogdan; Biklen (1994, p. 23) "une méthodologie d'enquête qui met l'accent sur la description, l'induction, la théorie fondée et l'étude des perceptions personnelles".

Dans l'analyse qualitative, il a été choisi spécifiquement pour l'analyse du discours décrite par Orlandi (2005), dont l'auteur soutient que le discours n'est pas un moyen de transmission d'informations, car il génère des effets, mais que ses caractéristiques sont interprétables de manière idéologique. et en les analysant, nous trouvons des preuves de la formation discursive et de l'idéologie qui soutiennent une idée.

Nous avons opté pour une recherche de terrain, car selon Minayo (1994, p. 53): la recherche de terrain représente «la coupure que fait le chercheur en termes d'espace, représentant une réalité empirique à étudier à partir des conceptions théoriques qui sous-tendent la objet de l'enquête ». Nous vivons notre recherche sur le terrain avec nos participants, car «l'expérience est le processus de la vie; c'est quelque chose qui a été vécu en vivant, en faisant l'expérience; c'est la connaissance acquise dans le processus de vivre ou d'expérimenter une situation ou d'accomplir quelque chose; c'est l'expérience, la pratique; c'est ce que nous avons vécu »(HOUAISS, 2009) et on peut dire qu'en plus d'être stimulant, c'était très intense, car avec cette expérience, nous étions tous impliqués dans des sentiments de grande anxiété, d'insécurité, de défaites, de victoires et autres. «Vivre, c'est donc plus que vivre ... c'est vivre avec le sentiment, avoir une relation avec ... s'impliquer, acquérir de l'expérience, expérimenter ... C'est avec cette volonté que nous avons fait notre recherche de terrain dans l'espace géographique ... »(CHIAPETTI, 2010, p. 140), se sentir proche des émotions et des sentiments de nos étudiants / participants à la recherche. Ainsi, nous avons pu perdre et gagner, rire et pleurer, apprendre et désapprendre, essayer de nouvelles ressources, de nouvelles stratégies, de nouvelles façons de construire des connaissances. Investiguer, c'est rechercher sur le terrain les réponses à la question centrale et aux questions de recherche de l'étude proposée. se sentir proche des émotions et des sentiments de nos étudiants / participants à la recherche. Ainsi, nous avons pu perdre et gagner, rire et pleurer, apprendre et désapprendre, essayer de nouvelles ressources, de nouvelles stratégies, de nouvelles façons de construire des connaissances. Investiguer, c'est rechercher sur le terrain les réponses à la question centrale et aux questions de recherche de l'étude proposée. se sentir proche des émotions et des sentiments de nos étudiants / participants à la recherche. Ainsi, nous avons pu perdre et gagner, rire et pleurer, apprendre et désapprendre, essayer de nouvelles ressources, de nouvelles stratégies, de nouvelles façons de construire des connaissances. Investiguer, c'est rechercher sur le terrain les réponses à la question centrale et aux questions de recherche de l'étude proposée.

Les participants à la recherche étaient 19 étudiants, du cours de pédagogie, un homme et 16 femmes, d'âge variant entre 20 et 43 ans, issus de deux facultés.situé dans le Grand ABC, à l'intérieur de l'État de São Paulo, Brésil, qVous avez répondu à un questionnaire, avec une question de type likert et huit questions ouvertes, objectives et 03 questions mixtes. Le questionnaire a été envoyé avec le formulaire de consentement libre et éclairé, par le groupe Whatsapp, que les étudiants sont insérés et renvoyés par le représentant de la classe, de manière anonyme.

La présentation théorique est organisée comme ceci, dans la première partie nous discuterons du processus d'enseignement-apprentissage, avec les concepts d'autonomie, d'apprentissage significatif, les méthodologies actives et la classe inversée, et dans la deuxième partie la relation enseignant-élève: humanisation, participation et affectivité.

Image par BrickRedBard de Pixabay

2 FONDATION THÉORIQUE

2.1 Processus d'enseignement-apprentissage

Le processus d'enseignement-apprentissage comporte des éléments fondamentaux qui permettent la réussite scolaire. Parmi ces éléments, il convient de souligner 4, en ce moment: l'autonomie, l'apprentissage significatif, les méthodologies actives et la classe inversée et la relation sociale et affective entre enseignant et élève: humanisation, participation et affectivité.

2.1.1 Autonomie

Pour que le processus d'enseignement-apprentissage soit efficace, il est nécessaire que l'étudiant dispose de bonnes ressources et développe son autonomie pour les utiliser efficacement. Selon Rossetto (2006), l'expression apprendre à apprendre a marqué le mouvement d'Escola Nova en tant qu'emblème et est toujours d'actualité pour les écoles contemporaines. À l'heure actuelle, alors que la société est hautement informatisée et que des instruments technologiques et éducatifs sont disponibles pour dynamiser le processus d'enseignement-apprentissage, l'autonomie est essentielle. Pour l'auteur:

> l'autonomie a la connotation de la paternité cognitive, du sujet prenant le rôle de protagoniste de son apprentissage dans la construction des connaissances, faisant progressivement conscience des actions réalisées, processus qui autorise l'étudiant dans son indépendance dans le processus d'apprentissage lui-même (p . 25)

Il est clair dans cette période vécue au premier semestre 2020, à quel point il était important pour l'étudiant de s'approprier cette autonomie et de prendre en charge son propre processus d'apprentissage, avec des attitudes proactives, critiques, créatives et collaboratives, et ne pas attendre et ne plus accepter. le modèle de contenu scolaire traditionnel.

Ce n'est pas une tâche facile, surtout étant confronté à tant de changements et d'incertitudes dans d'autres domaines de la vie, mais il est nécessaire que l'élève, en partenariat avec l'enseignant, entreprenne, car selon Bruner (1976, p. 39): «enseigner est un effort façonner le développement intellectuel », afin de continuer avec une certaine discipline et organisation. Dans les cours en présentiel et dans la modalité d'enseignement à distance, cela devient encore plus important, ainsi que la bonne formation de l'enseignant, qui devra faire face à cette tâche difficile mais importante de partager avec ses élèves une nouvelle façon de construire des connaissances. Il est important que l'enseignant intervienne avec cet élève sur la responsabilité de son apprentissage, en l'alerte qu'il s'agit d'une rue à double sens

Nous essayons d'établir une relation cognitive avec les élèves, la rendant étroitement liée à cette autonomie, car selon Demo (2002), elle n'est pas tant liée à ce qui peut être séparé, communiqué ou isolé, mais à ce qui doit actualiser et compléter, par conséquent, le l'autonomie est une négociation dialogique, pas une conclusion, une conclusion. En plus des problèmes d'équipement et d'Internet, les enseignants ont également été confrontés à de nouveaux défis et ont besoin de nouvelles connaissances, mais l'urgence a rendu impossible la formation pour ces activités pédagogiques, car ces moments en classe sont devenus encore plus précieux pour ces personnages.

Ainsi, nous avons dû utiliser des modèles plus optimisés des temps, des contenus et des quantités dont nous devions tenir compte afin d'accomplir une période académique de qualité qui n'a pas ôté à notre étudiant sa préparation aux étapes ultérieures de son apprentissage, donc, il ne suffisait pas d'apprendre, mais il fallait continuer à suivre un projet pédagogique, dont la proposition serait d'offrir un apprentissage significatif. Nous travaillons sur un modèle éducatif qui croyait en la possibilité de rendre les élèves plus autonomes, conscients et critiques, capables d'affronter et de résoudre leurs problèmes.

2.1.2 Apprentissage significatif

De nombreux chercheurs présentent l'importance d'un apprentissage significatif, parmi lesquels nous pouvons souligner Ausubel, Novak, Hanesian (1980), qui se définit comme une activité procédurale fondamentale de la systématisation des connaissances de l'étudiant, et se produit lorsqu'une nouvelle connaissance est construite, structurée et connectée à connaissances qui existaient déjà dans la structure cognitive de l'élève. Cette structure, que l'auteur appelle les sous-unités, qui sont des abstractions des expériences de la connaissance du sujet d'apprentissage, peut être plus ou moins complète, organisée hiérarchiquement. Selon l'auteur, "dans l'interaction entre les connaissances nouvelles et anciennes, les deux seront modifiés d'une manière spécifique par l'apprenant ..." (p. 85)

De plus, pour que l'apprentissage devienne significatif, la coopération des élèves pendant l'apprentissage et en cette période de pandémie, le besoin de proximité et d'interaction entre l'enseignant et l'élève est apparu, afin de mettre en pratique l'exercice de collaboration et d'avoir la possibilité d'expérimenter des théories ainsi discutées et précédemment non utilisées efficacement. Ainsi, dans le point suivant, nous discuterons de certaines méthodologies éprouvées.

2.1.3 Méthodologies actives et classe inversée.

Dans l'enseignement supérieur, l'étudiant apprend que toute discussion théorique doit être vécue dans la pratique, car l'objectif de ce principe est que l'étudiant se rende compte de l'importance de l'analyse et de la réflexion sur ce qu'il apprend, faisant de l'enseignement académique un laboratoire de formulations scientifiques. En ce sens, cette théorisation de la pratique, qui selon Demo (2001, p. 6), "signifie ne pas séparer la production de connaissances de la réalité, comme si, pour étudier, il fallait quitter le monde et aller à l'université", et cela nous dit que la connaissance commence dans la pratique. De ces pratiques, la possibilité est née d'utiliser la classe inversée et les méthodologies actives, qui se sont avérées être une paire très réussie. Les méthodologies actives sont des moyens de construire le processus d'enseignement et d'apprentissage,

C'est devenu un bon plan académique pour les besoins qui se sont fait jour et ce partenariat permet de proposer des contenus en dehors de la classe, permettant ainsi à l'enseignant de donner à chaque élève le temps individuel nécessaire à sa préparation pour la classe. Par conséquent, les étudiants seront en mesure de préparer, de rechercher, de lire, d'étudier, d'activités, de formuler des questions pour le moment de la discussion en classe, ce qui fournira également un échange d'expériences, la résolution de problèmes et une discussion de concepts avec des collègues et le c'est le nom de classe inversé, ce que l'élève ferait dans la classe, il fait à la maison et ce qu'il ferait seul dans sa maison, il le fera avec ses collègues et l'enseignant, en se souvenant qu'ils le feront, dans un autre modèle de classe classe, le «virtuel».

Behrens (2015, p.110) présente que «les activités qui envisagent les technologies de l'information permettent à l'étudiant d'aller au-delà de la tâche proposée, à son propre rythme et style d'apprentissage», et cela confirme les expériences obtenues avec les méthodologies actives, car car ces étudiants sont les principaux personnages du processus de construction des connaissances.

La classe inversée est un moyen d'ajouter et d'améliorer la convivialité et le dialogue entre l'enseignant et l'élève, dans un environnement où les élèves sont conscients de leur propre apprentissage et l'enseignant est l'animateur, mélange d'enseignement direct et constructivisme; ce qui a été enseigné peut être révisé chaque fois que nécessaire, chaque élève a droit à une éducation adaptée à ses besoins et à ses conditions personnelles. (BERGMANN, OVERMYER, WILIE, 2012; BERGMANN, SAMS, 2016).

Malgré le fait qu'au début du semestre, les étudiants étaient assez démotivés, car ils étaient habitués au modèle en face-àface et l'une des plaintes était précisément le manque d'adaptation au modèle d'enseignement à distance, ils se sont intéressés à l'utilisation de classes plus dynamiques, car ils sont celles de la méthodologie active et de la participation plus interactive des élèves et des enseignants, associée à une classe inversée, car il était ainsi possible de proposer des activités plus pratiques, avec un travail guidé par l'enseignant, dans la recherche de solutions de problèmes et basées sur les théories étudiées.

Les classes explicatives, dans lesquelles seul l'enseignant parle et les étudiants sont de simples auditeurs, sont en désuétude depuis le début de ce siècle, dans le modèle d'enseignement à distance, la méthodologie explicative est devenue non viable, de sorte que la méthodologie active a commencé à gagner de la place parmi les étudiants, en construction des connaissances. Et l'un des plus utilisés est l'apprentissage par problèmes (PBL), de l'anglais Problem Based Learning - PBL, largement utilisé dans l'enseignement supérieur.

Les apprentissages par problèmes sont des instructions académiques qui placent l'étudiant au centre du processus, lui offrant l'autonomie et la responsabilité de travailler avec l'identification et l'analyse de la résolution de problème proposée, lui permettant, dans un travail collectif, d'élaborer les questions qui y contribueront. pour la solution et dans la recherche de réponses pour élargir leurs connaissances et ainsi de suite, toujours problématiser et apprendre, de plus en plus. (ARAÚJO, SASTRE; 2009).

Ainsi, l'enseignant développe le rôle d'animateur, dans l'intermédiation entre élèves et entre groupes, et les élèves travaillent en coopération, engagés dans le processus d'apprentissage, de manière autonome.

Ce semestre, en raison de la pandémie, nous avons dû réinventer la manière de construire un travail avec des problèmes problématiques, car nos étudiants de certains semestres apprennent à utiliser cette méthodologie dans des projets interdisciplinaires, donc le faire à distance était un grand défi pour les deux. les groupes d'étudiants et d'enseignants, dans le cadre de ce travail, sont développés en dehors des heures de cours, en groupes et avec le soutien de l'enseignant, ce qui nous a fait essayer une autre méthodologie active, Project Based Learning, dans l'original et traduit en portugais Project Based Learning.

En plus des projets interdisciplinaires, nous avons un semestre qui apprend à élaborer et à mettre en pratique le projet éducatif, c'est pourquoi l'apprentissage par projet est également valorisé pendant le cours de pédagogie. Cette méthodologie fait également partie d'un problème, a une structure à construire, pour l'élaboration du projet, qui implique des recherches, des études, des discussions, des connaissances diverses et se termine par un produit final, qui est la livraison du projet fini. Selon Farias, Martins et Cristo (2015), le programme devrait inclure des activités pratiques, qui devraient se dérouler en groupes d'étudiants, afin qu'ils puissent interagir, partager des connaissances, apprendre à enquêter, chercher des solutions.

> Il existe des indicateurs qui nous permettent de plaider en faveur du curriculum du projet comme matrice de changement potentiel pour les segments de l'éducation qui estiment nécessaire de récupérer la totalité des connaissances et de rompre avec le conservatisme des pratiques pédagogiques répétitives et non critiques. (KELLER-FRANCO & MASSETTO, 2012, p. 12).

On remarque que les protagonistes du processus sont à nouveau les étudiants, et l'enseignant a un rôle fondamental de médiation du processus, en apportant tout le soutien nécessaire aux étudiants. La médiation avec les élèves implique un enseignant qui doit organiser ces projets en partenariat avec les élèves, les aidant à comprendre au début du projet, afin qu'ils sachent comment choisir un projet important qui a du sens , qui associe les concepts fondamentaux de la composante, qu'il est possible d'investiguer, et aide les étudiants à réfléchir sur les formes de structures dans la méthodologie du projet, c'est-à-dire la recherche, les instruments (entretien, questionnaire, enregistrements, documents, récits, jeux, etc.).

Selon Morán (2015):

> Il est important que les projets soient liés à la vie des élèves,
> à leurs motivations profondes, que l'enseignant sache gérer
> ces activités, les impliquer, négocier avec eux les meilleurs
> moyens de réaliser le projet, valoriser chaque étape et sur-
> tout la présentation et la publication dans un lieu virtuel
> visible depuis l'environnement virtuel au-delà du groupe et
> de la classe. (p. 23)

Ce moment de pandémie a été propice à l'utilisation de cette méthodologie, car selon le professeur Dr.José Morán, il est important de se concentrer en dehors de la classe, les informations de base et en classe pour travailler sur la créativité et ce dont les étudiants ont besoin de la présence de l'enseignant, ce qui caractérise la classe inversée et que l'auteur appelle étude hybride.

Nous pouvons voir que le modèle traditionnel d'éducation n'est plus pour l'école que nous voulons aujourd'hui et encore plus pour les besoins que nous avons d'étudiants plus critiques, créatifs, participatifs, interactifs, proactifs et coopératifs.

2.1.4 La relation sociale et affective entre l'enseignant et l'élève: humanisation, participation et affectivité

La psychologie, qui est la composante que j'enseigne et qui présente et discute de l'humanisation, de l'affectivité, des émotions et des sentiments dans le processus éducatif et cela rend très facile d'apporter des expériences pratiques en classe, que nous essayons de pratiquer pendant les semestres. et surtout dans ce semestre d'isolement social, dans lequel nous sommes physiquement éloignés des étudiants et comme le rapporte le professeur Pedro Demo (2002), théoriser c'est pratiquer. Et en tant que professeur, je crois que pratiquer, c'est être humain (je souligne), ce qui nous amène à l'un des plus importants savants de la littérature brésilienne, Paulo Freire.

Pour Paulo Freire (2008), l'éducation est la formation de

personnes actives, historiques, critiques, qui participent à la culture et à la société dans lesquelles elles vivent et c'est grâce à cela que les individus s'humanisent. La nature humaniste de la théorie de Freire s'adresse à l'étudiant et à l'enseignant en tant qu'êtres humains et dans leur interaction personnelle, ainsi qu'au rôle de l'enseignant en tant que médiateur et dans l'évolution de l'étudiant, dont le but est d'apprendre à apprendre, et la méthodologie est flexible. et ouvert. La manière d'enseigner est différenciée par des stratégies modernes telles que le travail de groupe, les cartes conceptuelles et autres.

Travailler avec des êtres humains, dans une condition aussi vulnérable, car cette période d'isolement social et de retrait de l'établissement scolaire n'était pas une tâche facile, en plus des changements opérationnels concrets, il y avait aussi les changements pédagogiques applicables et les conditions de chaque élève soumis au processus d'implication. subjectivement à travailler étaient également difficiles, car chacun se présente dans une condition personnelle différente. Comme le dit notre professeur Paulo Freire: «l'enseignement requiert esthétique et éthique, la nécessaire promotion de la naïveté à la criticité ne peut pas ou ne doit pas se faire à distance d'une formation éthique rigoureuse à côté de l'esthétique. Belle décence main dans la main ». (2008, p. 18). Dans la lecture freirienne, le moment de la pandémie doit être utilisé pour de nouveaux apprentissages, afin que l'élève puisse participer de manière critique et démocratique, laissant ainsi la condition d'objet devenir le sujet de sa propre histoire, dans la confrontation des problèmes, des conflits, dans la lutte constante qu'est ce passage pour l'humanisation de l'individu. Comprenant que les confrontations des élèves étaient avec les enseignants et vice versa, car il était difficile de séparer les uns des autres, nous vivions tous les mêmes situations problématiques, en raison de la condition de non-préparation générale, impliquant donc une relation dialogique constante qui confirmait l'acte de savoir. et reconnaître l'objet d'étude et non une simple transmission de connaissances.

> (...) le dialogue est une exigence existentielle. Et, si c'est la rencontre dans laquelle se solidarise la réflexion et l'action de ses sujets adressés au monde à transformer et humaniser, elle ne peut se réduire à un acte de dépôt des idées d'un sujet dans l'autre, ni de devenir simple échange d'idées à consommer par les étudiants d'échange (FREIRE, 1983, p. 198)

En ce sens, nous vivons de nombreux moments remarquables, des moments d'échanges parfois pacifiques et parfois non, mais que par le dialogue nous résolvions ces problèmes et solidifions nos actions. Même avec tous les changements des dernières décennies, nous savons que nous vivons toujours une réalité éducative très traditionnelle, et ce fut l'occasion de transformer cette réalité, qui selon l'auteur, le changement dans le concept de ce sujet en tant que passif envers quelqu'un actif dans son apprentissage et transformation de la réalité, collaborant pour l'émancipation de l'individu, son humanisation et sa socialisation.

En ce sens, il fallait être attentif à un processus qui, dans le respect de l'individualité de chacun, continuait d'être motivant pour chacun, répondait aux exigences pédagogiques, répondait à une proposition de cursus humaniste. Ainsi, l'humanisation freirienne entraîne les élèves à l'inquiétude, à l'investigation, à la curiosité, au débat, à l'échange d'idées, dans un dialogue auquel chacun participe démocratiquement, mettant en pratique ses capacités cognitives, sa connaissance du monde.

Un autre humaniste qui sous-tend notre proposition pédagogique et notre pratique académique est le psychologue américain Carl Rogers, qui décrit l'être humain comme capable de découvrir ce qui ne va pas à l'intérieur et de promouvoir son propre changement. La phénoménologie de Rogers est analogue aux constructions personnelles de George Kelly (1963, cité par MOREIRA, 2011, p. 141), qui décrit l'individu comme capable de créer une représentation de son environnement et pas seulement de lui répondre. Quelque chose qui serait évidemment nécessaire dans cette nouvelle condition d'apprentissage dans laquelle nous vivions tous de nouvelles émotions, de nouvelles façons de regarder les phénomènes et les sentiments.

Le potentiel naturel d'apprentissage, facilité par l'enseignant et décrit par Rogers est étudié dans la composante que j'enseigne la psychologie de l'apprentissage de l'enfant, donc il a été expérimenté dans la pratique des classes, ainsi que tous ensemble, dans un effort continu, nous avons essayé de réduire les menaces pour l'apprentissage à suivre. évolutivement et avec qualité (ROGERS, cité par MOREIRA, 2011, p. 142-143), toujours dans un effort interactif entre enseignant et élève, cherchant à améliorer le processus.

La perspective psychologique de l'étude de l'homme considère l'individu doté de raison et d'émotion et la psychopédagogie a été déployée pour étudier l'affectivité infantile au cours des derniers siècles. Cependant, avec l'élève adulte allant à l'école en masse et par conséquent avec la demande plus élevée dans l'enseignement supérieur, au cours des dernières décennies, plusieurs chercheurs se sont consacrés à l'étude de l'affectivité à tous les âges (GOLEMAN, 2012; LEDOUX, 2001; MOSCOVICI, 1997).

Cet enfant étudié devient un étudiant universitaire en voie d'acquérir des connaissances plus matures qui le mèneront à la vie professionnelle. Il nous semble en classe qu'il est de la responsabilité du professeur d'université d'établir l'importance de l'étude pour l'étudiant, qui arrive souvent à l'université avec l'idée de «passer le diplôme». Il est nécessaire que l'enseignant sensibilise à la nécessité d'une bonne formation académique liée à une expérience pratique afin que l'étudiant se développe non seulement académiquement et professionnellement, mais aussi en tant que personne, dans ses aspects culturels, sociaux, éthiques, moraux, bref, préparé au travail, mais aussi pour la vie. Ce type d'enseignement universitaire ne peut pas se faire de manière massive, sans une attention individualisée, et d'après mon expérience universitaire, surtout en cette période de pandémie, cette prise en charge individuelle, faite avec professionnalisme, mais avec le soin et l'attention dont l'étudiant a besoin fonctionne toujours, fournit un retour positif. Peu de théoriciens étudient les étudiants universitaires, l'un des plus connus, Zabalza (2004), dans le livre: «L'enseignement universitaire: son scénario et ses protagonistes »présentant le processus de construction des connaissances, nous dit que:

> L'apprentissage est un processus complexe et partagé. Parmi les différentes structures de médiation, l'étudiant est certainement le plus important, puisqu'il filtre les stimuli, les organise, les traite, construit avec lui les contenus et les compétences assimilées. D'autre part, la médiation n'est pas seulement cognitive: il y a aussi une médiation émotionnelle entre les acquis de l'enseignement et de l'apprentissage (qui dépend de l'état d'esprit de l'apprenant et de ses relations interpersonnelles). Pour l'efficacité de l'apprentissage, il est essentiel de mettre en évidence ce rôle important de l'étudiant dans son propre apprentissage, c'est-à-dire parce que, lorsqu'il se sent protagoniste, améliore sa performance [...] il intervient en tant que «cause proche» de son propre apprentissage, ce qui il est impossible de se substituer aux stratégies d'enseignement, quelle que soit leur efficacité. (p. 196)

L'auteur présente la dimension émotionnelle en soulignant qu'elle se produit dans les relations interpersonnelles, et met également en évidence le rôle de l'autonomie discuté précédemment. Les sentiments, les affections et les émotions, qui sont des propriétés de l'être humain, sont les éléments qui donnent vie à l'esprit.

Toujours d'un point de vue émotionnel, Wallon définit l'éducation comme un processus d'intégration et dans la proposition pédagogique wallonne, qui se caractérise comme étant associée à des aspects cognitifs, affectifs, moteurs et humains, même en considérant que chacun d'entre eux a ses propres fonctions et structures (MAHONEY , 2008). Pour l'auteur, Wallon considère que «toute activité humaine interfère toujours dans chacun d'eux. Toute activité motrice a des résonances affectives et cognitives; toute opération mentale a des résonances affectives et

motrices. »(p. 15). Toujours selon l'auteur, tout cela fait que l'intégration se produit et résonne dans le quatrième ensemble, qui est
la personne.

En ce sens, un enseignement basé sur la théorie de Wallon
présente l'idée de l'individu tout entier et engagé dans une formation engagée dans l'humanisation, sans perdre de vue que ce n'est
pas une tâche facile pour l'enseignant de s'engager et de s'interro-
ger sur le lieu d'enseignement. l'affectivité et comment corréler
avec la cognition. Dans la vie universitaire, en particulier pour
enseigner et apprendre différemment comme dans la période
d'isolement, les émotions se manifestaient tout le temps, presque
toujours de manière inattendue, empêchant une bonne objecti-
vité intellectuelle. Comme le rapporte Galvão (2008), une action
intellectualisée visant à comprendre les raisons d'une émotion
peut réduire les conséquences, la réflexion peut réduire les effets
de l'émotion.

> L'agitation de peur ou de colère diminue lorsque le sujet
> lutte pour définir ses causes. Une souffrance physique, que
> nous essayons de traduire en images, perd un peu de sa
> netteté organique. La souffrance morale, que nous pouvons
> nous rapporter, cesse d'être lancinante et intolérable. Faire
> un poème ou un roman sur sa douleur était, pour Goethe,
> un moyen de l'éviter (WALLON, 1986, p. 147, apud GALVÃO,
> 2008, p. 67)

L'élève adulte est un être qui s'est déjà développé, cependant, est doté d'affection, d'émotions et de sentiments et, par
conséquent, dans ses relations interpersonnelles, ses échanges
avec des collègues et des enseignants en classe, nous ne pouvons
pas ignorer combien il sera affectés par des circonstances qui
peuvent vous faire perdre la capacité de réfléchir, de raisonner,
d'intellectualiser et ainsi de nuire à vos performances scolaires et
personnelles.

En pensant à l'éthique éducative interactionnelle humaniste de Lev Vygotsky, selon Delari Jr. (2003), nous partons d'une
éthique marxiste, et d'un humanisme inaliénable qui sont poten-

tialisés dans le collectif, d'une manière altérée et qui a besoin de conditions appropriées pour des concepts tels que le dépassement., coopération et émancipation.

Selon l'auteur, pour Vygotsky, surmonter renvoie à l'action et à la nécessité de dépasser les limites et est mis en évidence comme un signe par Andrei Puzirei: «des buts et des valeurs fondamentales présents dans toute la pensée de Vygotsky» (PUZIREI, 1989, p. 16 - italiques ajoutés par l'auteur, apud DELARI JR, 2003, p. 5). Au cours de mon expérience d'enseignement, j'ai vu de nombreux étudiants aller bien au-delà de ce que les enseignants imaginaient et eux-mêmes entrent souvent dans l'enseignement supérieur avec une vision déformée de leurs propres performances. La plupart du temps, cette distorsion est pour moins cher, car son expérience personnelle, l'école ou les deux l'ont amené à se percevoir de cette manière et c'est son image de soi.

Vygotsky a défendu l'idée que l'être humain peut toujours atteindre un niveau supérieur de son développement intellectuel, être capable de surmonter ses propres conditions et toujours capable de se dépasser. En tant qu'êtres collectifs et sociaux, que nous soyons comme les humains, selon Delari Jr. (2003), pour que le dépassement se produise, nous dépendons de certaines conditions sociales et matérielles et l'une de ces conditions est la coopération. Ce processus coopératif et social conduit l'homme à l'émancipation et à la conquête de sa liberté de pensée et d'action.

La théorie socio-historique présuppose la nécessité d'une collaboration avec quelqu'un pour que nous puissions devenir qui nous sommes et vice versa. L'un des principaux exemples en est les expressions émotionnelles, qui pour Vygotsky indiquent une demande d'aide. (VYGOTSKY, 1931/2000). Selon l'auteur (1991), la pensée humaine est motivée par les désirs et les besoins, les intérêts et les émotions, car il y a un facteur lié à l'affectivité et à la volonté dans la pensée et lorsque nous comprenons cette pensée, nous découvrons la racine affective-volitive. Donc, pour mieux comprendre mes élèves, j'essaie toujours de comprendre les aspects cognitifs, sociaux, mais aussi affectifs et émotionnels.

La demande d'assistance dans l'espace collectif universi-taire se fait spontanément, s'inscrit dans une proposition péda-gogique sociointeractionniste et constructiviste, comme celle de l'institution que j'enseigne et qui est également basée sur la théorie de Vygotsky et comme discuté ci-dessus, l'enseignement supérieur prépare l'étudiant à y faire face. des questions dans les aspects cognitifs, affectifs, éthiques, professionnels, personnels, sociaux, bref, l'élève s'est intégré dans des circonstances pra-tiques, discutant avec lui des problèmes qui surviennent en classe et établissant une relation entre ce que nous enseignons et ce que nous espérons pratiquez lorsque vous devenez éducateurs. Dans cette période d'isolement social, au cours de laquelle, non seule-ment des problèmes scolaires se sont posés, mais aussi de nom-breux problèmes personnels, économiques, familiaux et autres,

En ce sens, j'ai pu compter sur l'expérience acquise au fil des années d'enseignement dans l'enseignement supérieur et avec d'autres types d'expériences problématiques, car à partir de cet échange d'expériences entre les êtres humains et ceux-ci avec le monde qui les entoure, que l'auteur appelle De la médiation symbolique, des transformations s'opèrent, aidant le sujet à mi-grer d'une condition première à une condition d'indépendance, de liberté, en utilisant ses fonctions psychologiques supérieures (VYGOTSKY, 2000) et constituant son développement psycholo-gique et sa personnalité.

Une autre proposition de travail humaniste est présentée par le professeur Marcos Tarciso Masetto, maître de conférences libre en didactique de l'enseignement supérieur Département des principes fondamentaux de l'éducation dans le domaine de l'édu-cation et des programmes et d'autres théoriciens qui étudient l'enseignement supérieur. Masetto (2011) a élaboré un document de recherche intitulé «Innovation curriculaire dans l'enseigne-ment supérieur», l'auteur a utilisé la méthodologie basée sur «l'identification de projets d'enseignement supérieur qui défen-daient des objectifs généraux et éducatifs pour la formation de ses professionnels» (2011, p. 1) et l'objectif de l'étude était de dé-battre du concept d'innovation dans les cours de premier cycle.

Selon l'auteur, parmi les projets curriculaires innovants dans l'enseignement supérieur, certains se démarquent: un projet développé à Harvard, démarré il y a environ 15 ans, avec des résultats positifs, recherche de valeurs, éthique, relations, apprentissage interactif en petits groupes qui intégrer de manière interdisciplinaire pour des études et des discussions, des débats, des lectures, des activités pratiques, etc.), avec peu de cours explicatifs, très proches des propositions pédagogiques des collèges dans lesquels nous enseignons, dans lesquels nous utilisons plusieurs éléments trouvés par le savant, y compris le feedback pour les étudiants. activités réalisées par les élèves. En un semestre, dans le volet Projets éducatifs, nous avons discuté tout au long de ce semestre, à partir de la lecture du texte "La contribution du retour d'expérience à l'évaluation des apprentissages dans le contexte universitaire »(VILELA, MELO; 2017), concernant ce concept et l'importance, à la fois du processus d'évaluation, et du processus de retour de sa performance comme une forme de retour d'information pour améliorer sa performance.

Un autre projet important mis en évidence par le professeur Masetto (2001) est le Problem Based Leaning ou Problem Based Learning, qui selon l'auteur est apparu pour la première fois dans la formation des professionnels de la santé, puis pour d'autres domaines et que nous avons déjà décrit précédemment et que nous avons également décrit précédemment et utilisé dans nos cours. Les cours «coopératifs» sont présentés comme un autre projet d'innovation (PACHECO; MASETTO, 2007, cité par MASETTO, 2011, p. 8), qui se font en partenariat avec des entreprises et dans lequel les étudiants sont embauchés par elles pendant le stage , pendant ce temps, vous aurez quelqu'un pour superviser votre travail et vous continuerez à étudier et à rechercher des sujets pour améliorer votre travail.

Masetto (2011) rapporte qu'il existe actuellement des projets différenciés en diplômes dans les domaines de la pédagogie. Orthophonie, tourisme, droit et autres. Ces projets apportent des innovations, clarifient les objectifs et l'ensemble de la proposition pédagogique doit être très transparente pour tous. Dans la

faculté que j'enseigne, le plan pédagogique de la composante curriculaire avec la pédagogie, les ressources, les horaires, la biblio-
graphie de base et complémentaire sont présentés aux étudiants
le premier jour d'école, et ce «contrat» (soulignement ajouté) est
suivi de la meilleure façon possible, flexible si nécessaire.

Dans ce format de projet pédagogique, l'accent n'est pas mis
sur l'instruction, mais sur le processus d'enseignement-apprentissage, avec le développement des compétences, des attitudes,
des valeurs, des compétences, des valeurs sociales, de la criticité, de la créativité, de la citoyenneté, bref, il s'agit de préparer
la personne et la professionnel pour le contexte de la société
contemporaine et pour un marché du travail, car je comprends
qu'il a besoin d'individus avec de nouvelles façons de penser,
plus humaines, politisées, avec plus de culture, de technologie et
de responsabilité sociale. Les objectifs des projets que j'élabore
sont établis à partir de ce profil, guident les actions pédagogiques et incluent, en plus du développement cognitif, affectif-
émotionnel, auto-apprentissage, également mis en avant par Rogers (MOREIRA, 2011), de l'inter-apprentissage, comme rapporte
Vygotsky et utilisé dans notre proposition pédagogique aussi,
apprentissage collaboratif (mentionné ci-dessus) et apprentissage significatif, précédemment rapporté et défendu par Ausubel,
Novak, Hanesian (1980), qui établit une bonne relation théorie-
pratique, comme le souligne Saccristán; Perez Gomes:

> Il est nécessaire de transformer la vie de la classe et de
> l'école, afin de pouvoir vivre des pratiques sociales et des
> échanges académiques qui induisent la solidarité, la col-
> laboration, l'expérimentation partagée, ainsi que d'autres
> types de relations avec les connaissances et la culture qui
> stimulent la recherche, le contraste, la critique, l'initiative
> et la création. (1996, p. 32, cité par MASSETTO, 2011, p. 17).

Ces principes théoriques ont décrit la pratique pédagogique constructiviste comme une recherche constante de toutes
les instances scolaires, dans le processus éducatif brésilien, pour
parvenir à une éducation de qualité efficace et constante.

Image par Tumisu de Pixabay

3. RÉSULTATS ET ANALYSE

Nous avons commencé notre enquête en nous interrogeant sur le processus d'adaptation des élèves en période d'isolement social, au cours de laquelle ils ont dû suivre des cours à domicile à partir du 16 mars 2020, pour les raisons décrites ci-dessus et comment ils se sont adaptés au processus, dans la question de construction. Parmi les questions, l'une d'elles, de type likert, demandait si l'adaptation était mauvaise, mauvaise, bonne, grande, excellente. Et 10,52% des étudiants ont répondu bien 52,63% excellent et 36,85% excellent. La grande majorité des étudiants ont fait remarquer qu'au début il y avait un certain inconfort, une insécurité, un manque de confiance qui fonctionnerait, des peurs, des difficultés d'adaptation à la technologie, aux médias et aux réseaux sociaux. Dans ces réponses, les élèves démontrent la difficulté de changer, d'expérimenter le nouveau, quitter la «zone de confort» et principalement parce qu'il ne s'agissait pas simplement d'un changement de collège, mais que des changements se produisaient dans tous les domaines de leur vie, ce qui contribuait hypothétiquement à une plus grande perception négative. En ce qui concerne la question intellectuelle, car il y avait un fort besoin d'organisation et de contrôle mental sur la vie et le contenu académique, Bruner (1976) rapporte que le processus d'enseignement-apprentissage est un effort intellectuel qui doit être organisé et discipliné. De plus, Freire (2008) souligne que les moments problématiques sont des propulseurs pour que l'étudiant devienne le sujet de lui-même, cessant ainsi d'être un objet. En ce qui concerne la question intellectuelle, car il y avait un fort besoin d'organisation et de contrôle mental sur la vie et le contenu académique, Bruner (1976) rapporte que le processus d'enseignement-apprentissage est un effort intellectuel qui doit être organisé et discipliné. De plus, Freire (2008) souligne que les moments problématiques sont des propulseurs pour que l'étudiant devienne le sujet de lui-même, cessant ainsi d'être un objet. En ce qui concerne la question intellectuelle, car il y avait un fort besoin d'organisation et de contrôle mental sur la vie et le contenu académique, Bruner (1976) rapporte que le processus d'enseignement-apprentissage est un effort intellectuel qui doit être organisé et discipliné. De plus, Freire (2008) souligne que les moments problématiques sont des propulseurs pour que l'étudiant devienne le sujet de lui-même, cessant ainsi d'être un objet.

Dans le processus d'adaptation des élèves et des enseignants, nous avons rencontré des difficultés, et dans notre questionnaire nous avons demandé aux élèves quelles étaient les difficultés, elles provenaient de l'anxiété, de la structure physique de la maison, du manque de compréhension des camarades de classe et de la famille, mais la plus grande difficulté, sans doute, c'était la technologie. Pour les étudiants, il a été très difficile de passer d'une coexistence quasi artisanale (je souligne) à une coexistence numérique, avec wifi, WhatsApp, live, visioconférence, link, instagran, teamlink, zoom, etc. Malheureusement, nous avons eu des étudiants jusqu'à ce qu'ils abandonnent l'université pour ces raisons, car ils n'étaient pas habitués à tant de technologie et ne se sentaient pas motivés. Ces étudiants étaient sans motivation, car ils s'étaient inscrits et, étonnamment, ils ont dû s'adapter à une éducation à distance.

En ce qui concerne les animateurs, l'élément le plus significatif était l'enseignant, à bien des égards l'enseignant apparaît comme la grande figure qui a fait la différence pour que l'élève n'abandonne pas, n'ait pas confiance, ne surmonte pas les peurs, ne croit pas. C'est lui qui a dialogué, soutenu, s'est dévoué, a utilisé différents outils et méthodologies. J'essaye, en particulier, d'accompagner les étudiants de la meilleure façon possible, en partageant avec eux même la façon dont la classe se déroulera et comment j'ai déjà utilisé les méthodologies actives dans mes classes, j'ai essayé d'intensifier la manière de construire le processus d'enseignement-apprentissage, car dans ce la manière d'éduquer l'enseignant n'est plus au centre du processus et l'élève devient le protagoniste, travaillant avec plus d'autonomie, selon son temps, en partenariat avec ses collègues et l'enseignant, et pouvant mettre en pratique ce qu'il apprend en théorie,

Interrogés sur le processus d'enseignement-apprentissage pendant la période pandémique, plusieurs idées sont décrites par les étudiants, dont l'appréhension au début et la surprise quant à leur propre capacité d'autodétermination, d'autodétermination et de surmonter les difficultés à partir d'outils et de méthodologies utilisés par les étudiants. des enseignants surpris et non préparés à ce type de confrontation. Rogers rapporte que les gens se découvrent dans de nouveaux apprentissages et favorisent leur propre changement. (MOREIRA, 2011). Selon l'auteur, l'apprentissage des élèves est facilité par l'enseignant, dans un effort continu des deux parties, ce qui favorise un apprentissage évolutif et de qualité (ROGERS, cité par MOREIRA, 2011, p. 142-143).

Dans cette question sont venus des réponses très intéressantes, je voudrais en souligner quelques-unes (littéralement copiées de la soumission des étudiants) et commenter ci-dessous:

<u>Réponse négative</u>

- Il a eu un apprentissage, mais ça ne se compare pas en classe, ça ne semble pas figé dans notre esprit, comme en classe. Plus jamais, je me plaindrai d'aller à l'université.

<u>Réponses positives:</u>

- Je le décris comme satisfaisant. La faculté savait utiliser de bonnes compétences pédagogiques et nous a beaucoup aidés et ma volonté d'être toujours prête à en apprendre davantage.

- C'était un processus qui nous a fait appréhender, tout était nouveau, des doutes sur la façon dont nous allions le faire, mais ensuite tout était structuré et mon processus d'enseignement et d'apprentissage était excellent.

Ce fut un énorme boom parce que j'ai appris des classes que les enseignants enseignaient, par whatssap, des vidéos de manière à pouvoir poser des questions avec les enseignants.

- Celui qui enseigne doit être un encouragement et un conseiller

de celui qui veut apprendre, alors que l'individu qui veut apprendre doit être curieux, chercheur et questionneur pour qu'en fait il apprenne. Je ne crois pas que le processus d'enseignement-apprentissage puisse se produire simplement en écoutant l'enseignant parler et l'élève assis écoutant sans même se poser des questions ou y prêter attention. Je crois qu'une bonne relation doit être établie entre les deux, je crois en l'enseignant qui encourage l'élève à réfléchir et l'élève comme étant curieux, de cette façon, le processus se déroule.

- Le processus d'enseignement et d'apprentissage s'est déroulé différemment que dans la salle de classe, car il n'y a pas de contact avec les élèves et les enseignants, j'ai réalisé à quel point cette relation est importante, la technologie était importante pour la rapprocher, mais pas à long terme.

- C'était très intéressant, au début je n'avais pas remarqué, mais ensuite c'était bien d'avoir cette expérience d'enseignement. Cela n'a pas été facile, mais tout s'est bien passé et il restera beaucoup de choses à apprendre.

- Je pense que j'ai étudié plus comme ça, nous faisions plus partie de notre processus d'enseignement-apprentissage que dans la salle de classe, j'ai couru plus loin, en apprenant plus, même parce que sans cette précipitation quotidienne pour aller à l'université, c'est devenu plus facile, car nous avions notre cours entre nos mains, accès facile.

- Il n'y a pas d'obstacles à se produire même si les éducateurs ont donné le meilleur d'eux-mêmes, avec un dévouement à enseigner.

- Innovation, beaucoup d'enseignants ont été pris, comme tout le monde, mais comme le dit Luckesi, les enseignants sont toujours en constante réflexion, que nous ne sommes pas prêts, et les enseignants viennent depuis des jours pour apporter la meilleure classe.

Ce n'est pas comme un enseignement en face à face, mais avec le dévouement des enseignants pour enseigner et des élèves pour apprendre, ce n'était pas très difficile.

Je le décris comme un processus gagnant. Acquérir des connaissances, gagner pour la vie.

Quelque chose de grande responsabilité et de respect pour les autres, même avec la distance avec quelque chose de si nouveau, j'ai compris tout l'engagement des professeurs envers les élèves, accompagnant et étant présent, même avec tellement de précipitation avec tout ce qui nous entoure, le professeur est un grand professeur, j'ai chacun plus d'admiration pour cette profession.

Dans ce semestre, les professeurs ont utilisé différentes didactiques, où la mienne était très bonne, les élèves apprennent différemment les uns des autres, la même chose se passe avec la manière d'enseigner, l'essentiel est qu'il y ait un apprentissage. En cela, j'ai beaucoup appris sur plusieurs aspects.

Bien que je n'aime pas ou n'approuve pas l'apprentissage à distance, car je pense que la socialisation «personnelle» est très importante, c'est-à-dire être en contact avec d'autres personnes. À ce stade, l'apprentissage à distance est devenu très important, il a apporté de nombreux apprentissages à ma pratique académique et professionnel.

On peut voir dans les réponses des élèves à partir de l'auto-évaluation qu'ils sont capables d'élaborer une analyse du processus et de voir que malgré les difficultés initiales, eux-mêmes et les enseignants, dans un effort commun, ont surmonté les obstacles, en utilisant les connaissances acquises au cours du cours et surtout au semestre. Comme le souligne Saccristán; Perez Gomes (1996, p. 32, cité par MASSETTO, 2011, p. 17) concernant la nécessité de changer l'institution scolaire et les expériences en classe, afin que les échanges entre enseignants et élèves conduisent à «la solidarité, la collaboration, l'expérimentation partagée, ainsi que d'autres types de relations avec les des connaissances et une culture qui stimulent la recherche, le contraste, la critique, l'initiative et la création. » (p. 17).

En ce qui concerne les difficultés présentées au cours du processus d'enseignement-apprentissage, les principales rapportées étaient: un étudiant que son problème était sa propre difficulté d'apprentissage, un qui était l'excès de matière, deux n'avaient pas de problèmes, deux avec l'organisation, cinq avec technologies et dix étudiants ayant divers problèmes personnels, émotionnels et psychologiques des types suivants: anxiété, crise de panique (deux élèves), peur de ne pas pouvoir faire face (deux élèves), cconcentration pour étudier à la maison, adaptation (deux étudiants), incertitude, manque d'interaction personnelle avec les enseignants (six étudiants) et autres. Cependant, la plupart des étudiants décrivent que ces difficultés n'étaient qu'au début, plus tard, elles ont été résolues avec l'aide des enseignants, qui étaient très serviables, attentifs, présents, affectueux et toujours attentifs aux besoins des étudiants. Ici, la somme des raisons dépasse dix étudiants, certains étudiants ayant posé plusieurs difficultés.

Faire face à la pandémie serait déjà assez difficile, poursuivre des études supérieures, on peut dire que c'est devenu encore plus, ça s'est transformé pour nos étudiants, comme évoqué précédemment, jusqu'à la raison du décrochage. C'est donc devenu un problème auquel nous avons dû faire face ensemble, professeurs et étudiants, la démotivation des étudiants en raison des difficultés rencontrées et qu'ils posaient en lien avec le processus d'enseignement-apprentissage.

Un nombre important d'étudiants ont signalé des problèmes avec les technologies, ce qui n'était pas leur «privilège», car elles sont devenues il est nécessaire, de la part des enseignants, de comprendre ce nouveau format d'enseignement et comme le dit Hodges (2020), l'éducation à distance d'urgence est l'adaptation de l'enseignement en présentiel à l'utilisation des TIC - Technologies de l'information et de la communication, dans la recherche d'interaction avec les étudiants . Dans mon cas, en particulier, qui n'était pas très familier avec certaines technologies modernes, j'apprenais des étudiants et je leur enseignais aussi. Après les premiers moments de stress, nous nous sommes même amusés avec nos «ignorances», je me souviens avoir demandé des conseils aux élèves sur la façon de faire une certaine chose au milieu d'un cours et donné des instructions sur la façon de faire d'autres choses pendant le cours également. pour nous faciliter la vie. Cette recherche constante d'amélioration m'a également apporté un grand soulagement,

Quant aux différentes difficultés (personnelles, émotionnelles, psychologiques), les élèves rapportent eux-mêmes qu'elles se sont résolues au fil du temps, avec des actions méthodologiques des enseignants, par exemple, la peur a été surmontée quand ils ont réalisé qu'ils pouvaient compter sur l'aide de collègues, travaillant en groupes, parce qu'au début, ils ne se voyaient pas faire cela, ils ne s'imaginaient pas faire cela. Je me souviens avoir expliqué étape par étape que tout ce que nous faisions en classe, nous pouvions continuer à le faire isolément, nous n'aurions qu'à nous adapter, à construire de nouvelles façons de le faire, et tout le monde bénéficierait du nouvel apprentissage. Peu à peu, ils se calmaient, se sentaient plus soutenus, plus familiers avec les cours en ligne, les craintes étaient remplacées par des mots d'encouragement, des incitations, par de nouvelles stratégies pour le travail scolaire.

Parmi les stratégies utilisées dans l'enseignement supérieur, le travail en groupe est assez efficace, car les étudiants travaillent en collaboration, se motivant les uns les autres (MORAN ET BACICH, 2018), car en groupe les étudiants apprennent mieux, surtout s'ils s'appuient sur le suivi des les enseignants expérimentés et les élèves peuvent apprendre en dehors de la salle de classe.

Des difficultés dans le domaine émotionnel sont également ment rapportées par de nombreux étudiants, comme prévu, car tout un contexte a causé ce déséquilibre et comme indiqué précédemment, il n'y a pas tellement d'auteurs qui présentent les problèmes émotionnels des étudiants universitaires, mais l'enseignant. Miguel A. Zabalza, dans le livre «L'enseignement universitaire: son scénario et ses protagonistes», le processus d'apprentissage n'est pas simple et l'étudiant est le plus important dans la structure de médiation, car il est responsable de recevoir les stimuli, de les organiser les, traitez-les et transformez-les en contenu. En outre, pour atteindre les résultats finaux, il est nécessaire de faciliter "émotionnel (qui dépend de l'état d'esprit de l'apprenti et de ses relations interpersonnelles). Pour l'efficacité de l'apprentissage, il est essentiel de souligner ce rôle important de l'étudiant dans son propre apprentissage »(p. 196). Il est probable que l'élève, lorsqu'il sent que le participant améliore ses performances, devienne plus fort, capable de réagir avec sa propre force et devienne plus efficace.

Quant aux animateurs du processus d'enseignement-apprentissage, les élèves ont été unanimes, tous ont répondu, chacun d'une manière que la grande responsabilité de surmonter était laissée à l'enseignant en raison de la proximité qu'il a établie avec ses élèves. J'ai eu une expérience très intéressante, car malgré la distance physique, je me sentais très proche de chaque élève, car j'avais leur numéro WhatsApp et tout le monde avait le mien, donc ils étaient des contacts constants. Les étudiants étaient plus à l'aise pour poser des questions avec moi, me parler directement, bref, une meilleure approche, plus affective, toujours en respectant nos limites professionnelles, mais arrivant parfois dans des situations qui dépassaient, quand celles-ci le demandaient.

Zabalza (2004) souligne que l'étudiant universitaire a besoin d'une intervention bien faite pour qu'il puisse se guider et que l'apprentissage émergera comme conséquence de cette relation saine entre enseignant et étudiant.

Je crois sincèrement que chaque étudiant est capable d'apprendre, l'un des théoriciens étudiés au cinquième semestre Carl Rogers insiste sur cette idée, tant qu'il y a un effort continu, surtout si on réduit les menaces. Ainsi, la bonne interaction entre enseignant et élève conduit à une amélioration du processus (MOREIRA, 2011).

Les étudiants ont été interrogés sur leur apprentissage, s'il était significatif et 18 étudiants ont répondu oui et un étudiant a laissé ce champ vide. La grande majorité rapporte un changement de posture, un nouveau regard sur le processus éducatif, une responsabilité plus partagée avec l'enseignant, une meilleure utilisation des outils, des méthodologies également, de nouvelles habitudes, de la maturité, du dévouement.Selon Vygotsky, surmonter est l'acte et le besoin de surmonter les limites et est souligné comme un signe par Andrei Puzirei: «buts et valeurs fondamentales» (PUZIREI, 1989, p. 16 - italiques ajoutés, apud DELARI JR, 2003, p . 5). Pour Vygotsky, apprendre de l'autre est d'une importance fondamentale, car l'individu apprend de l'autre ce qu'il n'est pas prêt à faire par lui-même et a besoin d'aide.

Je perçois dans les réponses des élèves une exaltation du travail de l'enseignant, j'ai même reçu des retours gratifiants à ce sujet, mais comme le souligne Vygotsky (2000), surmonter ses propres difficultés est très enrichissant et motivant pour l'élève, ce qui n'est possible que dans le processus de l'interaction sociale, promue par l'enseignant, a son mérite et dans le processus d'émancipation de l'apprentissage des élèves. Pour l'auteur, la motivation déplace les envies et les besoins

Selon l'auteur (1991), la pensée humaine est motivée de différentes manières, mais surtout par les émotions, car il y a un aspect lié à l'affectivité qui nous aide à comprendre la volonté humaine, donc, pour améliorer mon travail, j'ai toujours essayé d'entreprendre une compréhension de ce les étudiants ressentaient, sans se limiter aux aspects intellectuels.

Interrogés sur l'utilisation des outils technologiques, les 19 étudiants interrogés ont répondu que oui, que les enseignants utilisaient différents outils, tels que, Whatsapp, YouTube, Team-Link, vit sur des plates-formes comme Instagram, Facebook, YouTube, etc. Quant à l'utilisation des méthodologies, les 19 participants ont également répondu que oui, il y avait l'utilisation de différentes méthodologies, par exemple, des séminaires virtuels, de nombreux débats, une représentation sociale avec des images, des dynamiques, des présentations audio et vidéo, en groupe et individuellement.

Interrogés sur l'approche affective des enseignants, les réponses les plus significatives ont été:

- Oui, parce qu'ils nous ont soutenus d'une manière si douce, qui imprègne le professionnalisme, ils sont devenus une partie de nous et nous d'eux, c'était un échange réciproque d'enseignements et d'apprentissage.

- Beaucoup, parce que chaque enseignant a sa propre façon d'enseigner et de l'expliquer m'a rapproché des enseignants car ils m'ont aidé dans le processus d'enseignement et d'apprentissage.

- Oui, parce que c'est quelque chose de presque inévitable, à ce moment-là certains ont plus que jamais besoin les uns des autres, souvent en dehors des heures de cours ou de travail, et cette flexibilité de part et d'autre nous permet d'avoir une grande approche affective, que ce soit de bonne volonté, pour l'humanisation, mais le sentiment de gratitude envers la personne est certainement plus grand. Mon approche était particulièrement bonne, même du fait que j'étais représentante, je sentais que je marchais main dans la main avec les professeurs, une affection et une attention sans précédent.

- Oui, les professeurs étaient très compréhensibles pour écouter et répondre aux questions, ils étaient toujours prêts à aider.

- Oui, sans l'approche des professeurs, il ne serait pas possible de continuer.

- Tous les professeurs donnaient toujours les cours correctement et étaient à notre disposition pendant les heures de cours et parfois même après les heures, ce qui n'était pas leur obligation. Quand j'ai eu besoin de clarifier des doutes, les professeurs les ont clarifiés.

- Oui, même si j'ai eu tout le soutien, j'ai vu le dévouement non seulement avec moi avec tous mes collègues, c'était une excellente expérience avec beaucoup de connaissances et d'affection qui était possible même de loin.

- Oui, je crois que d'une certaine manière cela nous a rapprochés, car nous pouvions toujours nous parler, il n'était pas nécessaire d'attendre le jour de cours pour dissiper un doute ou même avoir une belle discussion sur les sujets travaillés.

Oui, il y avait une préoccupation claire pour la classe, la patience et le désir des cours en face à face étaient explicites.

- Certes, ma relation avec les enseignants était déjà très amicale, mais en cette période de pandémie cette proximité était plus intense, accueillante, un souci de la part des enseignants de servir tout le monde efficacement.

- Oui, je crois que dans cette période j'ai eu un plus grand contact avec eux, malgré la distance j'avais le sentiment qu'ils étaient très attachés à atténuer ce sentiment d'isolement.

Comme notre proposition pédagogique valorise beaucoup

le dialogue, son utilisation a toujours été très présente, ce qui a grandement facilité mon interaction avec les étudiants, afin que je puisse offrir l'aide dont ils avaient besoin, partager et faciliter l'apprentissage et les autres demandes qu'ils ont amenés. Le dialogue, tel que présenté par Freire, Shor (2008) est une communication démocratique, dans laquelle la domination ne vaut pas et réduit l'obscurité, car elle libère le participant. Dans mon expérience de ce semestre, comme je l'ai signalé plus tôt, nous avons également eu des expériences joyeuses et conflictuelles, mais nous résolvons toujours de la meilleure façon possible, comme je le dis toujours aux étudiants, nous sommes des êtres humains et en tant que tels, nous devons utiliser la communication. La relation dialogique permet un apprentissage critique et aimant, elle assure l'humanisation des participants et du processus.

Il faut penser à humaniser l'éducation, valoriser les connaissances et les actions des élèves, et les faire progresser dans le développement cognitif, physique, social et émotionnel (FREITAS, 2018). Pour atteindre ces objectifs, j'ai dû changer les outils, changer les méthodes, prioriser l'humanisation du processus, afin de ne pas me limiter à la question cognitive, car les priorités étaient différentes, des problèmes sociaux et émotionnels plus forts sont apparus, qui étaient auparavant rapportés par les étudiants. Wallon ne considère pas l'intellectualité comme le but ultime de l'éducation. "Au contraire, il la considère comme un moyen d'atteindre le but le plus grand du développement de la personne, après tout, l'intelligence a un statut comme faisant partie du tout constitué de la personne." (GALVÃO, 2008, p. 89)

On sait que la graduation a des objectifs à atteindre, cependant, on ne peut nier la présence d'un sujet intégré qui vient à la recherche d'un savoir qui dépasse les limites de l'institution, car il a besoin d'aller au-delà de la survie dans l'univers du travail, la demande est par l'expérience et l'expérience, c'est-à-dire la construction de celle-ci en tant que citoyen, en tant que personne.

Image par Gerd Altmann de Pixabay

4. CONCLUSIONS

On parle beaucoup de cette pandémie, ce dont je peux parler, c'est de ce que j'ai réellement vécu, des peurs, de l'étonnement, des attentes, de la tristesse, de la joie, de la défaite, de la victoire, mais je l'ai vécu et au cours de cet écrit, je vis encore tout cela. J'ai été l'une des premières de mon cercle d'amitiés personnelles et professionnelles à «tomber malade» (je souligne, parce que je n'avais aucun symptôme), mais avant, pendant et après ma situation, je partageais les souffrances de mes étudiants, de mes proches, les personnes proches, les proches, les amis et eux-mêmes. Le sentiment était qu'un tremblement de terre avait frappé nos têtes et complètement perturbé nos vies. Cependant, il fallait continuer à vivre, même socialement isolé, ce qui était impensable, absurde, irréalisable, qu'il fallait vivre, en famille, au travail, en socialisant, en apprenant,

Nous avons tous résisté, chacun pour ses propres raisons, personnelles, structurelles, matérielles, financières, émotionnelles, bref, les étudiants avaient plusieurs préoccupations, mais celles qui gênaient le plus la fluidité du processus, étaient les problèmes technologiques, émotionnels et psychologiques, car démarrer un semestre avec tant d'incertitudes était un très gros défi. C'était à moi, en tant qu'enseignant, de continuer à enseigner, mais maintenant comme si c'était un nouveau départ, car tout était nouveau pour nous tous.

Le cours pédagogique et le projet de composante devaient accompagner les changements, la vie ne pouvait pas s'arrêter, mais nous savons que ce qui concerne la question académique, il y a un besoin d'organisation et de contrôle des contenus et cela a été construit à la lumière des problèmes et non de la nos maîtres savants. Alors que faire?

Je suis allé adapter les outils et méthodologies que j'utilisais déjà (séminaires de groupe, projets de groupe, débats, méthodologies actives, classe inversée), améliorer et étudier certaines technologies (mettre en place des groupes WhatsApp, chaîne YouTube, Live, enregistrer des vidéos, etc.) et même avec les étudiants disant que ça ne marcherait pas, que c'était difficile, etc., on l'a fait, parfois on a bien fait, parfois ça n'a pas bien fonctionné.

Les moments difficiles peuvent et doivent guider la croissance, surmonter, enrichir, interagir, s'adapter, coopérer, enseigner et apprendre, avec des erreurs et des réussites et c'est ce en quoi je crois et ce sont ces idées que j'ai guidées mes actions pour continuer une activité pédagogique, croyant que peu importe ce que les élèves ont dit, humains, m'a permis de faire l'hypothèse que ces étudiants répondraient à mes stimuli de manière positive, accepteraient les défis et avanceraient, chacun à son rythme et chacun selon ses conditions, tant qu'ils auraient une participation active au processus, étaient respectés car êtres humains.

Ce n'était pas seulement un semestre glamour, mais c'était beaucoup d'apprentissage pour tout le monde, étudiants et enseignants, qui, en partageant leurs connaissances, ont appris à dialoguer, à socialiser, à prendre des responsabilités et à être émotif, pour eux-mêmes et les uns pour les autres. Donc, le bilan, très positif, en valait la peine.

RÉFÉRENCES

ARAGÃO, Erika; BARRETO, Osvaldo; GUIMARÃES, Jane; NATI-VITÉ, Marcio. Réflexions sur les effets de la pandémie sur l'éducation brésilienne. UFBA-Université fédérale de Bahia. CoVida. Science, information et solidarité. Disponible en:https://covid19br.org/main-site-covida/wp-content/uploads/2020/05/Reflexoes-educa%C3%A7%C3%A3o.pdf. Consulté le 4 juillet 2020.

ARANHA, M. Lúcia de Arruda. Histoire de l'éducation et de la pédagogie: générale etBrésil. 3e éd. São Paulo: Moderna, 2006.

AUSUBEL, DP; NOVAK, J. D; HANESIAN, H. Psychologie de l'éducation. Rio de Janeiro: interaméricain, 1980.

BEHRENS, Marilda Aparecida. Projets d'apprentissage collaboratif dans un paradigme émergent, In MORAN, José Manuel; MASSETO, Marcos T.; BEHRENS, Marilda Aparecida. Nouvelles technologies et médiation pédagogique. Campinas: Papirus, 2015.

BERGMANN, J.; SAMS, A. Classe inversée: une méthodologie d'apprentissage actif., 2016.

BERGMANN, Jonathan (Jon).; OVERMYER, Jerry.; WILIE, Brett. La classe inversée: ce qu'elle est et ce qu'elle n'est pas. 2012. Disponible à: hhttp: //www.thedailyriff.com/articles/the-flipped-class-conversation-689.php Consulté le: 10 juil. 2020.

BOGDAN, R.; BIKLEN, S. Recherche qualitative en éducation: une introduction à la théorie et aux méthodes. Porto: Ed. Porto, 1994.

BRÉSIL. Base curriculaire nationale commune. Brasília: MEC / Secrétariat de l'éducation de base, 2017.

BRÉSIL. Ministère de l'économie. Institut brésilien de recherche appliquée IPEA. Texte pour discussion: les technologies numériques et leurs utilisations. Brasilia: Rio de Janeiro, avril 2019. ISSN 1415-4765.

BRÉSIL. Ministère de l'Éducation. Bureau du ministre. Diário Oficial da União Ordonnance n ° 343 du 17 mars 2020. Publié le: 18/03/2020 | Édition: 53 | Section: 1 | Page: 39.

CHIAPETTI, Rita Jaqueline N. Recherche qualitative de terrain: une expérience en géographie humaniste. GeoTexts, vol. 6, n. 2, dix. 2010 .. 139-162, 2010.

CRESWELL, JW Conception de la recherche: approches de méthodes qualitatives, quantitatives et mixtes. 4e éd. Thousand Oaks: Sage, 2014.

DEMO. Peter. Enseignant / Connaissance. Université de Brasilia. Disponible en:http://antigo.enap.gov.br/downloads/ ec43ea4fProfessor_Conhecimento.pdf. Consulté le 9 juillet 2020.

DELARI Jr., Achille. Principes éthiques de Vygotsky: perspectives pour la psychologie et l'éducation. Nuances: Education Studies, Presidente Prudente, SP, v. 24, n. 1, p. 45-63, janv./avr. 2013. Disponible sur:http://dx.doi.org/10.14572/ nuances.v24i1. Consulté le: 14 juillet 2020.

DEMO, Pedro. Complexité et apprentissage: la dynamique non linéaire de la connaissance. São Paulo: Atlas, 2002.

DURAN, Débora. Le coronavirus viralise l'éducation en ligne. Journal de l'USP. Université de Sao Paulo. Publié le 18 mars 2020. Disponible sur:https://jornal.usp.br/artigos/ coronavirus-viraliza-educacao-online/. Consulté le 02 juillet 2020.

FARIAS, PAM; MARTIN, ALAR; CRISTO, CS Apprentissage actif en éducation à la santé: parcours historique et applications. Journal brésilien d'éducation médicale, n 39, p.143-158, 2015.

FREITAS, Bruno. Education humanisée: les connaissances et les actions de chacun partagées par tous dans l'art d'éduquer. Sciences humaines: revue du programme d'études supérieures en éducation, Frederico Westphalen, v. 1, n. 1, p.68-91, il y a. 2018.

FREIRE, Paulo. Pédagogie de l'autonomie: Connaissances nécessaires à la pratique pédagogique. 28. éd. São Paulo: Paz e Terra, 2008.

FREIRE, Paulo; SHOR, Ira. Peur et audace: le quotidien de l'enseignant. 12. éd. Rio de Janeiro: Paix et Terre, 2008.

GALVÃO, I. Henri Wallon: une conception dialectique du développement de l'enfant. 17e éd. Petrópolis: Vozes, 2008.

GATTI, BA; ANDRÉ, Marli. La pertinence des méthodes de recherche qualitative en éducation au Brésil. Dans: WELLER, W.; PFAFF, N. (Organisations). Méthodologies de la recherche qualitative en éducation: théorie et pratique. 2. éd. Petrópolis: Vozes, 2011. p. 29-38.

GIL, Antonio Carlos. Comment concevoir des projets de recherche. São Paulo: Atlas, 2010.

GOLEMAN, Daniel. Intelligence émotionnelle: la théorie révolutionnaire qui redéfinit ce que signifie être intelligent. Rio de Janeiro: Objectif, 2012.

GUERRA, A. Apprentissage par problèmes et formation continue en ingénierie: défis pour le 21 e siècle. Thèse (doctorat en génie), 2014, Faculté de génie et des sciences. UNESCO. Aalborg Center for Problem Based Learning in Engineering Science and Sustainability, Département du développement et de la planification, Université d'Aalborg, Danemark, 2014.

HODGES, C. et al. La différence entre l'enseignement à

distance d'urgence et l'apprentissage en ligne. Educause, 2020. Disponible sur: http://er.educause.edu/articles/2020/3/ the-difference-between-emergency-remote-teaching-and-on-line-learning. Consulté le: 3 juil. 2020.

HOUAISS, Dictionnaire de la langue portugaise. Disponible pour les abonnés UOL à l'adresse: www.houaiss.uol.com.br/busca. Consulté le 3 juillet 2020.

KELLER-FRANCO, Elize.; MASETTO, MT Curriculum pour projets dans l'enseignement supérieur: développements pour l'innovation et la qualité de l'enseignement. Revista Triangulo, vol. 5, n. 2, p. 3-21, 2012. Disponible à:http://seer.uftm.edu.br/ revistaeletronica/index.php/revistatriangulo/article/ view/377. Consulté le: 20 juin 2020.

MASETTO, Marcos Tarciso. Innovation curriculaire dans l'enseignement supérieur. Université catholique pontificale de São Paulo. Programme d'études supérieures: Curriculum. Magazine e-curriculum. ISSN: 1809-3876. São Paulo, v.7 n.2. Août 2011. Disponible sur:http://revistas.pucsp.br/index.php/ curriculum. Consulté le 13 juillet 2020.

MATOS, Vinícius Costa. Classe inversée: une proposition pour l'enseignement et l'apprentissage des mathématiques / Vinícius Costa Matos; conseiller Cleyton Hércules Gontijo. - Brasilia, 2018. 142 p.

MINAYO, MC de S. (Org.). Recherche sociale: théorie des méthodes et créativité. 17e éd. Petrópolis, RJ: Vozes, 1994. 80 p.

MORAN, JM Changer l'éducation avec des méthodologies actives. Dans Convergences des médias, éducation et citoyenneté: approches jeunes. Collection de médias contemporains. 2015. Disponible sur:http://www2.eca.usp.br/moran/wp-content/ uploads/2013/12/mudando_moran.pdf. Consulté le 10 juillet 2020.

MORAN, JM; BACICH, L. Méthodologies actives pour un apprentissage plus approfondi. In Méthodologies actives pour une éducation innovante: une approche théorique-pratique, chapitre Partie I, pages 238-250. Porto Alegre: Groupe A, Label: Penso, 2018.

MOREIRA, MARCO ANTONIO. Apprendre les théories. São Paulo: EPU, 2011.

MOSCOVICI, F. Raison et émotion: l'intelligence émotionnelle en question. Salvador: Maison de la qualité, 1997.

ORLANDI, EniPulcinelli. Analyse du discours: principes et procédures. Campinas: Pontes, 2005.

REIMERS, Fernando M., Global Education Innovation Initiative, Harvard Graduate School of Education Andreas Schleicher, Direction de l'éducation et des compétences, Organisation de coopération et de développement économiques (OCDE). Une feuille de route pour guider la réponse éducative à la pandémie COVID-19 2020. Résumé 1. 30 mars 2020.

ROSSETTO, Maria Célia. La construction de l'autonomie dans la classe: du point de vue de l'enseignant. Mémoire de maîtrise. Université fédérale de Rio Grande do Sul. Porto Alegre: UFGRS, 2006. Disponible sur:https://www.lume.ufrgs.br/bitstream/handle/10183/7520/000546740.pdf?sequence=1&isAllowed=y. Consulté le 08 juillet 2020.

SILVA, Frederico Augusto Barbosa da; ZIVIANI, Paula; GHEZZI, Daniela Ribas. Les technologies numériques et leurs usages. 2019. Ministère de l'Économie Ministre. IPEA- Institut de recherche économique appliquée, 2019. Disponible en:https://www.ipea.gov.br/portal/images/stories/PDFs/TDs/td_uuu2470.pdf. Consulté le 07 juillet 2020.

UNESCO. Construire la paix dans l'esprit des hommes et des femmes. COVID-19 Perturbation de l'éducation et réponse. Disponible sur: https://en.unesco.org/covid19/educationresponse. Consulté le 4 avril 2020.

VASCONCELLOS, Celso dos Santos. Curriculum: l'activité humaine comme principe éducatif 3.ed. São Paulo: Libertad, 2011.

VIANNA, Ilca Oliveira de Almeida. Méthodologie du travail scientifique: une approche didactique de la production scientifique. São Paulo: EPU, 2001.

VILELA, Naiara Sousa; MELO, Geovana Ferreira Melo. La contribution du retour d'expérience à l'évaluation des apprentissages dans le contexte universitaire. 3e Symposium sur l'évaluation de l'enseignement supérieur, 5 et 6 septembre 2017, UFSC-Universidade Federal Santa Catarina. Disponible en:https://repositorio.ufsc.br/bitstream/handle/123456789/179374/101_00650%20-%20ok.pdf?sequence=1&isAllowed=y. Consulté le: 9 avril 2020.

VYGOTSKY, LS La formation sociale de l'esprit. São Paulo: Martins Fontes, 1991.

VYGOTSKY, LS Conclusions. Futures pistes d'investigation. Développement de la personnalité de l'enfant et de sa conception du monde. Dans: VYGOTSKY, LS Escogidas Works. Volume III. 2. éd. Madrid: viseur. 1931/2000. P. 327-340.

WAINER, Jacques. Méthodes de recherche quantitatives et qualitatives pour l'informatique. Institut de calcul - UNICAMP. 2019. Disponible sur: http://www.pucrs.br/ciencias/viali/mestrado/mqp/material/textos/Pesquisa.pdf. Consulté le: 05 juin 2020.

ZABALZA, Miguel A. L'enseignement universitaire: son scénario et ses protagonistes. Trad. Ernani Rosa. Porto Alegre: Artmed, 2004.

MERCI

Je tiens à exprimer ma gratitude à tous les lecteurs et à tous ceux qui ont contribué directement ou indirectement à ce livre avec un cadeau! Un beau message du poète et écrivain Alfredo Cuervo Barrero.

C'EST INTERDIT

Il est interdit de pleurer sans apprendre,
Se lever un jour sans savoir quoi faire
Ayez peur de vos souvenirs.

Il est interdit de ne pas rire des problèmes
Ne te bat pas pour ce que tu veux,
Abandonnez tout par peur,

Ne transformez pas les rêves en réalité.
Il est interdit de ne pas montrer d'amour
Faites payer à quelqu'un vos doutes
et votre mauvaise humeur.
Il est interdit de laisser des amis

N'essayez pas de comprendre ce qu'ils ont vécu ensemble
Appelez-les uniquement lorsque vous en avez besoin.
Il est interdit de ne pas être soi-même devant les gens,
Prétend qu'ils ne comptent pas pour toi,

Soyez gentil juste pour vous souvenir,
Oubliez ceux qui vous aiment.
Il est interdit de ne pas faire les choses par soi-même,
Ne croyez pas en Dieu et faites votre destin,

Avoir peur de la vie et de ses engagements,
Ne vivez pas chaque jour comme s'il s'agissait
d'un dernier souffle.
Il est interdit de manquer quelqu'un sans se réjouir,

Oublie tes yeux, ton sourire, juste
parce que tes chemins sont
dépareillé,
Oubliez votre passé et rendez-le avec votre présent.
Il est interdit de ne pas essayer de comprendre les gens,
Penser que leur vie vaut plus que la vôtre,

Ne sachant pas que chacun a son chemin et sa chance.
Il est interdit de ne pas créer votre histoire,
Arrête de rendre grâce à Dieu pour ta vie,

Ne pas avoir un moment pour ceux qui ont besoin de toi,
Ne pas comprendre que ce que la vie
vous donne vous emporte aussi.
Il est interdit de ne pas chercher le bonheur,

Ne vivez pas votre vie avec une attitude positive,
Ne pensez pas que nous pouvons être meilleurs,
Ne pas penser que sans vous, ce monde ne serait
pas le même.

MARLENE MARTINS

Alfredo Cuervo Barrero

A PROPOS DE L'AUTEUR

Marlene Ribeiro Martins est titulaire d'un Master en psychologie, d'un Master Teacher à la Faculdade Fernão Dias, d'un Master Teacher à la Faculdade de Ribeirão Pires - Uniesp SA et d'un Psychologue Clinique / Psychothérapeute à PSICÓLOGA CLÍNICA E PSICOPEDAGOGA et écrivain. En tant que psychologue, elle a travaillé pendant 15 ans dans les RH et a travaillé dans l'enseignement supérieur pendant 13 ans.

Pour nous contacter, envoyez un e-mail à contato@sstreinamentos.com

Dans l'objet de l'e-mail, mettez MARLEN RIBEIRO MARTINS - SU-PERAÇÃO.

Nous serons très heureux de recevoir vos commentaires sur ce livre!

Succès!

9 798867 107369 0